中国视频服务体验

中国视频服务用户体验标准工作组 编著

人民邮电出版社
北京

图书在版编目（CIP）数据

中国视频服务体验 / 中国视频服务用户体验标准工作组编著. -- 北京 : 人民邮电出版社, 2017.4
ISBN 978-7-115-45034-0

Ⅰ. ①中… Ⅱ. ①中… Ⅲ. ①视频系统－商业服务－中国 Ⅳ. ①TN94

中国版本图书馆CIP数据核字(2017)第045658号

◆ 编　　著　中国视频服务用户体验标准工作组
　责任编辑　李　静
　责任印制　彭志环

◆ 人民邮电出版社出版发行　　北京市丰台区成寿寺路 11 号
　邮编　100164　　电子邮件　315@ptpress.com.cn
　网址　http://www.ptpress.com.cn
　北京鑫丰华彩印有限公司印刷

◆ 开本：787×1092　1/16
　印张：4　　　　　　2017 年 4 月第 1 版
　字数：44 千字　　　2017 年 4 月北京第 1 次印刷

定价：68.00 元

读者服务热线：(010)81055488　印装质量热线：(010)81055316
反盗版热线：(010)81055315

视频服务用户体验标准工作组

成员单位

中国信息通信研究院

国家新闻出版广电总局广播电视规划院

中国电信集团公司

中国移动通信集团公司

中国联合网络通信集团有限公司

华为技术有限公司

北京爱奇艺科技有限公司

腾讯视频

合一集团（优酷土豆）

网宿科技股份有限公司

北京市博汇科技股份有限公司

上海交通大学

特别鸣谢

北京博睿宏远数据科技股份有限公司

听云

前　言

随着宽带固网基础设施的快速建设以及移动互联网业务的成长，近年来，各类视频业务如雨后春笋般纷纷涌现。从在线观看各种体育赛事直播到追剧，从娱乐、学习、沟通到生活的方方面面，视频业务越来越成为人们生活中必不可少的信息消费模式。

在各类视频业务兴起的同时，也带来了消费者需求的变化，高清化、多屏化、交互化、社交化、实时化已成为消费者不断追逐攀高的需求台阶。与此同时，来自消费者的实际视频观看需求给视频经营者以及电信运营商带来了诸多挑战。视频经营者将如何开发并提供满足需求的内容，运营商又将如何开拓视频业务的蓝海，这些问题最终都指向一个核心的关键问题：建立一个能够被各方广泛认可并接受的视频服务用户体验标准。

在视频服务用户体验标准工作组各成员单位的共

同努力下，我国首部面向视频服务体验标准的图书得以问世。这部图书的到来，不仅为规范的视频服务提供了全面、系统的建议，从根本上化解了视频消费者的顾虑，更是从视频服务的角度对优化网络管道措施提供了丰富的实践参考，进而指导视频的商业化运作真正步入规范化的轨道。

本书由杨崑、黎静、陈锦聪、胡湘慧、唐欣、张玉桃 6 位作者共同撰写，感谢他们为此付出的努力，同时还要感谢为本书的编写做出大量贡献的其他业界同仁，以及人民邮电出版社为本书出版所给予的支持。

希望本书的内容能让有需要的读者朋友获益，同时为视频产业的发展尽绵薄之力。

本书编写组

目　录

国内外视频播放业务都进入了高速发展期，对宽带建设和网络提速起到显著的拉动作用，成为优化信息通信产业资源配置和推动产业发展模式转型的关键手段；视频播放业务带动了视频通信和视频监控等业务的发展，共同构建了大视频业务体系并成为支撑智慧城市、先进制造等工作开展的重要基础。

在所有媒体形态中，用户选择受体验影响最大的就是视频，其要求网络能保证及时、连续、稳定、端到端可控的码流传输能力，这对于流量变化大、采用资源共享机制的互联网而言无疑是巨大的挑战。运营商不断扩大带宽，而用户的视频体验不能得到同步提升的问题无法得到有效解决。关键问题在于缺乏行业统一的视频体验评估标准，无法精准评估网络层对视频流连续稳定服务的影响。

无法为用户提供满意体验的服务商是无法留住用户的，为保证视频产业可持续发展，中国信息通信研究院、国家新闻出版广电总局广播电视规划院、中国电信集团、中国移动集团、中国联通集团、华为公司、优酷视频、腾讯视频、爱奇艺、上海交通大学、博汇科技、网宿科技等国内视频领域的领军单位联合成立了中国视频服务用户体验标准工作组，以“为用户提供最好的视频体验、推动视频产业健康发展”为宗旨，发布了国内首个《视频服务用户体验评估标准（1.0）》。

工作组还组织相关单位在国内部分地区开展了针对IPTV视频业务和互联网视频业务的视频服务用户体验评测工作，以验证标准的实用性和有效性。通过评测发现：

- 国内各类视频服务的体验水平不均衡，有较大提升空间；
- 基于IP专网的IPTV业务的视频体验基本得到保障，整体表现较好，观看体验良好，视频显示质量和交互体验有一定提升空间；
- 互联网视频服务需要和其他业务共享网络资源，用户体验会受到一定程度影响，有较大提升空间；
- 用户用手机观看互联网视频的体验优于用PC观看互联网视频的体验；
- 不同运营商和不同内容商提供的视频服务的用户体验存在差异；
- 相比高清和标清视频服务的用户体验，4K视频服务的用户体验仍有很大的提升空间。

本次评测工作是未来在国内建立全面的视频服务用户体验评估体系的基础。在标准的实用性和有效性得到充分的验证后，将从工作组成员单位的自有平台逐步扩展到所有的视频播放业务系统，进一步覆盖包含视频通信、视频会议、视频监控、视频分享、数字标牌等在内的大视频业务体系；将实现国内标准和国际标准的有效对接，填补国际视频产业的空白。

一、随着网络的发展和技术进步，国内视频业务进入高速发展期

国家高度重视宽带基础设施的发展，在《中共中央关于制定国民经济和社会发展第十三个五年规划的建议》中提出:“加快构建高速、移动、安全、泛在的新一代信息基础设施”。在“宽带中国”等工作的推动下，信息通信行业加快了宽带网络和移动宽带网络的建设速度，根据工业和信息化部发布的数据，截至 2016 年 9 月末，三家基础电信企业互联网宽带接入用户总数达到2.92亿户，移动宽带(即3G和4G)用户总数达到8.85亿户；用户规模扩张的同时，网速也得到大幅提升。视频播放业务在整个网络建设和提速工作中起到至关重要的拉动作用。

(一) 国内视频播放业务进入快速发展期，成为网络流量主要来源

传统形式的视频播放业务，如有线电视、卫星电视、地面无线电视等已进入缓慢增长期；在三网融合工作的推动下，以有质量保证的宽带网传

输的 IPTV 业务，在开放互联网上传输的互联网视频服务（互联网电视、在线视频），移动视频服务成为新的增长点。到 2015 年年底，全球已有 20% 以上付费电视用户是通过宽带网络提供服务的，移动视频服务取得了飞速发展。国内主要视频业务：IPTV、有线电视、互联网视频都呈现增长态势。

- 国内三家基础电信运营企业发展的 IPTV 用户在 2016 年出现爆发式增长，在年底突破 1 亿户的规模并持续增长；国内移动视频用户经过连续几年的高速增长，规模将达到 5.27 亿人。
- 国内有线电视业务用户总数达 2.54 亿户，其中完成数字化改造的用户超过 2 亿户，有线双向网覆盖用户在其中的占比过半，双向网渗透用户近 5000 万户，有线宽带用户超过 2000 万户。
- 互联网视频领域，根据中国互联网络信息中心报告，截至 2016 年 6 月，我国在线视频用户规模达到 5.14 亿户，主要视频服务商都深度涉足内容创意与制作，优质内容推动用户付费习惯进一步养成。2015 年，互联网电视终端（包括智能电视及盒子）的保有量达到 1.65 亿台；根据尼尔森网联发布的数据，国内互联网电视的年活跃用户在 2700 万～3000 万。

随着视频业务的发展，视频播放业务成为网络流量的主要增长来源之一，视频流量如今已占到全球互联网流量的 75% 以上，其中视频播放业务占据主要份额。从现在到 2020 年，全球互联网视频流量预计将以 25% 的复合年增长率 (CAGR) 增长；其中移动网络承载的视频流量增长最快，增速预计为 65%（CAGR），在全球互联网视频流量中 2020 年所占的比例将达到 18%；Wi-Fi 承载的视频流量在整个预测期内将以 24%（CAGR）的增速增长，占到全球联网视频流量的 50% 左右。全球互联网视频流量预测如图 1 所示。

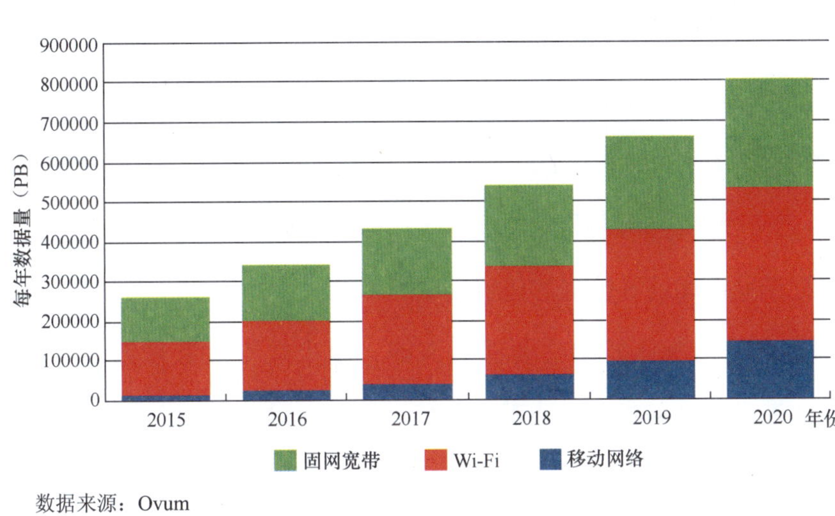

数据来源：Ovum

图 1　全球互联网视频流量预测

（二）视频播放业务成为网络提速的重要拉动力

宽带网络与视频播放业务间相互支撑、相互促进，已经形成紧密联动的发展模式，中国电信和中国联通等基础电信运营商已将其列入基础电信业务的范畴，现阶段视频播放业务的发展速度已经成为影响整个宽带产业进步的核心因素之一。

- 视频业务是目前能对提速后宽带网络和移动网络进行有效带宽充填，并实现全面捆绑销售的唯一选择，可以有效拉动用户对高速带宽消费的需求。多家运营商统计的 IPTV 业务的光宽带渗透率都已经超过 50%，用户活跃度超过 70%。
- 视频播放业务直接拉动了运营商的收入增长，如 AT&T 2015 年视频业务收入增长达 196.9%，对公司总收入增长的贡献率高达 93.6%；

而国内 IPTV 运营商的数据显示，目前由视频播放业务导流带来的宽带增值业务收入也在快速增加。

- 4K 视频终端在市场上的销量不断增加，大部分视频服务商已经在考虑 4K 视频服务的部署，2016 年仅国内三大基础电信运营商部署的支持 4K 的 IPTV 终端就超过 4500 万。4K 视频服务的普及需要稳定的高速宽带网络保证高质量的码流传输，观看 4K 视频至少需要保证稳定的 30Mbit/s 带宽；如果想要播放流畅，至少需要保证稳定的 50Mbit/s 以上带宽，这将成为拉动下一步宽带升级的重要动力。
- 国内外视频服务商还在研究部署内容展示能力更强的 8K 电视、VR 和 AR 等新一代的视频业务。国内已有地区为满足 8K 和今后 AR/VR 等视频业务发展的需要，提出到 2018 年实现吉比特宽带的全地区覆盖，接入用户突破百万级，平均接入带宽将从目前超过 50Mbit/s 提升至 280Mbit/s，用户可感知的下载速率将从 13Mbit/s 升至突破 100Mbit/s，未来新一代视频业务在拉动网络提速中依然发挥重要的作用。

（三）视频播放业务对推动产业转型升级将发挥重要作用

视频播放业务和网络的升级形成紧密的联动，成为现阶段发展的主线，不仅带来现实的用户增长，而且成为推动产业转型的重要抓手。

- 运营商将在传统业务之外获得能和管道资源紧密捆绑的新型超级业务，尤其是 4K 等超高清业务高度依赖网络提供的质量保证，这是电信运营商和广电有线运营商在互联网视频服务带来的竞争压力下保证管道价值不被稀释，保护用户主导权、流量控制权的重要筹码；而互联网视频服务商也借此加快和网络提供商的深度合作。

- 大屏的视频直播业务是用户的刚性需求，可成功将用户流量通过内容吸引到业务平台上，通过多屏互动实现对用户全时覆盖；掌握视频播放服务的控制权就掌握了通过内容导流的优势，为平台上其他业务的开展带来重要的流量资源。
- 视频播放业务需要服务商建立从内容制作、网络分发、业务汇聚、内容存储、数据经营、终端播放的全程联动的运营能力，才能保证为用户提供满意的体验；业务的发展加快了所有服务商打造业务生态，建立从内容到终端、从业务到网络的一体化运营能力。

全球的电信运营商、有线运营商和互联网视频服务商都在努力抓住机遇，加速整合产业链资源，建立一体化运营能力，实现发展模式的转型。这种产业链的紧密融合可以让厂商在流量变现、渠道管控和内容营销三方面形成前所未有的协同能力，通过捆绑销售建立明显优势，将成为产业链各方共同的发展趋势。国内运营商和服务商正在通过彼此加强合作，升级 IPTV 和互联网视频平台来实现这一目标。

（四）大视频业务体系将扩展更广的应用范围

在视频播放业务的带动下，依托移动和固网融合的高速宽带，运营商可以发挥用户规模优势，提供智能组网能力、丰富的智能外设、开放的数据平台和云平台，为用户提供高清、多屏共享的丰富视频应用，和宽带网络联动的大视频业务体系正在逐步发展起来。

- 在社交网络、多屏互动和 4G 网络等因素的影响下，视频通信快速普及。越来越多的用户开始习惯通过视频形式在手机、PAD、计算机、电视终端、游戏终端等各类终端上进行沟通。视频通信不会像传统语音业务一样作为单一业务出现，它将作为基本功能逐步融合到其他业务形式中，如互联网服务商着力发展的社交网络、电子商务、在线教育、视频游戏中包含的视频聊天功能。

- 越来越多的企业将视频通信和视频会议集成到企业的信息化平台，提供灵活、高清、智能化的视频联系手段。
- 作为物联网的发展重点，传统的视频监控业务获得了新的发展机遇，广泛应用于生产管理、城市安防、交通指挥、农业生产等各个领域。智能化的高清视频监控不仅采集视频信息，而且和后端的信息化平台、大数据分析平台、视频播放业务平台形成紧密衔接，具备对视频信息的智能化处理能力。视频监控的摄像头分辨率变得更高、视频采集信息的细节越来越多，通过与大数据分析、人脸识别等技术结合实现智能化服务。
- 数字标牌将传统的户外大屏和物联网、移动互联网等技术结合起来，在后端网络和云平台的支撑下，通过多屏互动的能力实现信息发布和用户使用的互动，可以从根本上改变传统的广告和商业营销模式。

大视频业务体系的服务范围正在向社会生活的各个方面渗透，目前最受关注的是基于宽带网络和多屏终端构建智慧家庭服务生态，在此基础上将逐步向智慧社区扩展，并最终实现对整个智慧城市范围的延伸。同时，新一代信息技术与制造业的深度融合催生了新的生产方式、产业形态、商业模式，而视频监控、视频通信、视频导航、视频会议等在其中无疑扮演着至关重要的角色。大视频业务体系下的各项服务能力将依托宽带网络和移动宽带网络逐步形成不同层次的智能化服务能力，被广泛应用于政务办公、公安执法、农业生产、工业制造、能源电力、金融交易、文化旅游、交通物流、教育培训和医疗健康等各个方面。

（五）视频业务的未来发展趋势

视频播放服务正朝着集影视、游戏、购物、通信等功能为一体的综合服务方向发展，“多屏化 + 高清化 + 交互化 + 社交化”的内容成为用户进行视频消费的核心，“由大屏作为基本入口、由内容和服务作为用户入口、由 O2O 电子商务作为线下入口”的大视频业务平台将成为未来互联网流量的主要汇聚点，其影响力甚至超过现在的互联网门户。而现有的 IPTV 等视频业务平台由于缺乏能力升级的弹性，急需升级为“大视频 + ”服务平台以满足业务发展需要。

- 已有视频系统架构需要优化并实现解耦合，让其具备更大的业务开放性、资源调度的可伸缩性，模块可灵活地动态组装，以便能支持新业务快速生成。
- 网络实现固移一体化，全程全网可灵活部署；通过多屏融合业务，实现视频业务在移动与固网用户的全覆盖。初期可以更多依靠部署融合 CDN 来实现，最终过渡到依赖智能化、虚拟化的智能管道来满足业务需求。
- 加快云计算、CDN 和智能终端的结合；云计算为用户按需提供网络资源池，CDN 网络加速可以实现对内容传递的有效优化，两者结合可以有效解决系统中业务流量灵活分发的问题，再以智能终端实现业务落地；三者结合可以实现全业务的快速部署和灵活配置。

- 实现端到端的大数据支撑，以提升用户体验并保证为用户提供高质量服务；基于用户画像为用户提供智能搜索、个性化推荐、个性化广告、个性化商城等精细化智能服务及个性化服务。
- 依托平台的灵活服务能力和大数据的支持，拓展视频电商和社区生活服务，发展互动 / 精准广告等新的营销形态。

二、定义统一的视频体验评估标准对视频业务发展至关重要

（一）视频用户体验是影响用户对服务商选择的决定因素

人眼能够感知的影像世界比现有的技术能够达到的范围要广阔，随着视频服务的普及，用户不仅要求内容的丰富性，对视频画质的要求也越来越高；据现网调查，71% 的中国城市用户强调是否提供高清画质是影响他们选择的重要因素，65% 的用户强调能够提供超高清（4K/UHD）画质的服务商更能引起他们的关注，45% 的用户表示他们愿意为提供超高清（4K/UHD）画质的服务付费。用户在选择运营商时，对网络质量的衡量依据已经从网页打开时间、软件下载快慢更多地向视频观看体验是否优异变化，构建以视频体验为重点目标的网络是运营商今后提升品牌影响力和市场竞争力所必须面对的问题。

据 Ovum 调查，有 28% 的受访者表示他们在过去 12 月内更换了宽带服务提供商，这其中占 64% 的受访者更换服务商是为了获得更快的网络连接速度或更便宜的资费（或二者兼备）；而影响用户对连接速度判断的依据越来越多地转为视频服务的体验。在所有媒体形态中，用户选择受直观感受影响最大的就是视频，要求网络能保证及时、连续、稳定、端到端可控的码流传输能力。图 2 显示了在 12 个月内，考虑更换宽带服务提供商的受访者在全部受访用户中所占比例和这些受访者感受到的媒体服务体验之间关系；媒体服务体验较差的受访者考虑更换当前宽带服务提供商的可能性是服务体验较好的受访者的两倍。

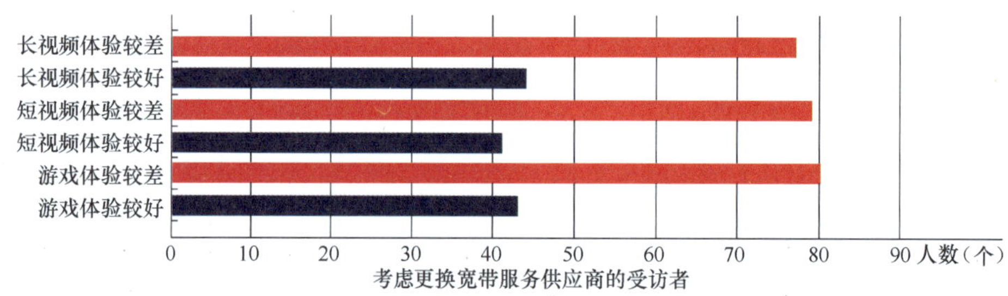

数据来源：Ovum

图 2　视频体验较差致使客户考虑更换服务供应商的可能性翻倍

同时，调查显示影响用户对视频业务供应商选择的关键因素也是视频的核心体验，如图 3 所示。根据某电信运营商的现网用户调研，视频播放不流畅是影响 IPTV 活跃度的 TOP1 因素，如图 4 所示。

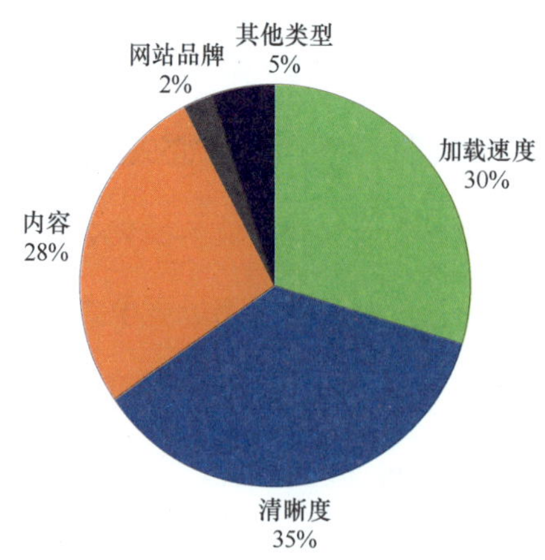

科技讯网：主流视频网站监测报告

图 3　影响用户选择视频网站的因素

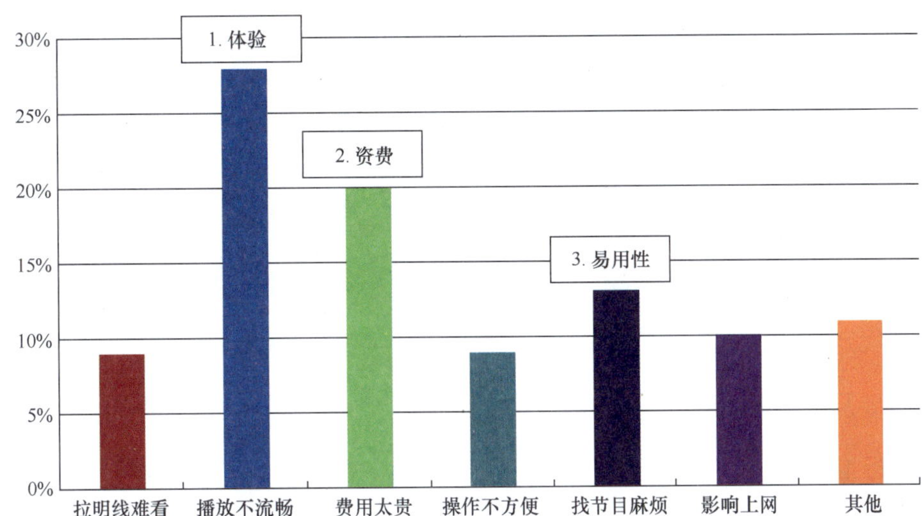

科技讯网：主流视频网站监测报告

图 4　某电信运营商现网用户调研数据：影响 IPTV 活跃度的主要原因

应该说，视频体验决定了用户的满意度及活跃度，高清、快速、流畅的视频体验将成为今后用户选择服务提供商的关键因素。

（二）视频服务商采取多种措施提升用户体验

整个视频产业都在为满足人眼的极致体验而不断地进行革新。随着技术的进步和带宽的提升，市场提供的视频服务的主流分辨率从过去标清为主演变到目前以高清为主，并将进一步过渡到以 4K 为主，未来还会向 8K、AR/VR，全息等更高水平发展。视频服务供应商纷纷采取各类措施来提升视频服务的用户体验，如图 5 所示。

2015 年可以称为产业的 4K 元年，全球的付费 TV 运营商开始集中推出 4K 电视服务。国内的运营商已经实现了从“标清为主”到“高清为主”

的过渡，多家运营商在多个省份开始推出 4K 视频服务。中国电信在多省份的 IPTV 平台上开通的 4K 视频服务，并在进一步推动“超级 4K”应用的发展，其核心是在 3840×2160 分辨率的基础上，把视频帧率从每秒 30 帧（P30）提升到了每秒 60 帧（P60），图像采样比特从 8bit 提升到 10bit，图片明亮对比从 SDR 标准增强到 HDR 标准。中国联通将全光网络时代定义为 4K 超清视频时代，成立了“中国联通 4K 实验室”，已经发布了涉及业务、产品、网络、平台、终端、测试、服务在内的视频业务全体系标准与规范，并实现了 4K 视频业务的广覆盖。中国移动发布了全 4K 机顶盒，在多个省份以视频体验为目标，着力打造可以为用户提供优质视频体验的 4G 网络。广电有线运营商已经在多个省份的有线网络上着手推进 4K 电视业务的部署。

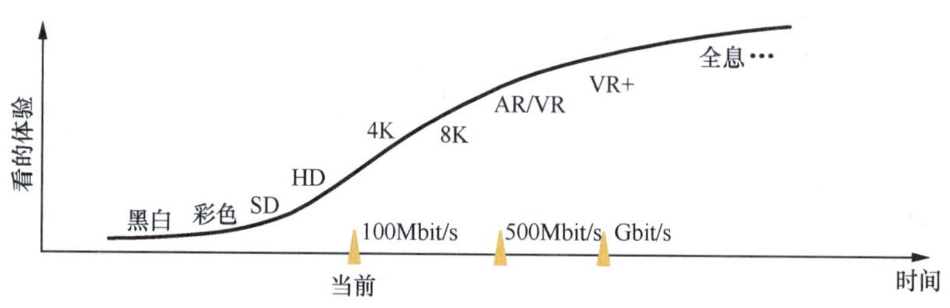

图 5　视频服务的体验逐步提升

国内互联网视频服务商也在努力提升视频的用户体验。爱奇艺从 2012 年开始平均码率增长了将近 30%，在优化用户观看过程的卡顿次数和时长这两个指标上做了很多投入，从 2012 年的 6% ~ 7% 已经降到现在的 1% 左右，希望这两个指标最终能接近 0%。优酷通过升级带宽、采用 U+ 专利技术，重点提升影响视频播放清晰度的码率和分辨率这两个指标，加之优酷引入了柔性调度、智能自适应和切换平滑优化等措施，目前视频服务清晰度已经比过去提升了 50% 以上。腾讯视频则构建了针对视频播放质量的监控系统，可以对播放质量较低的一些地域和省份，或是部分用户终端进行有目的的改造，提升整体的用户观看体验水平。

（三）缺乏统一有效的体验评估标准是产业共同的难题

传统上对视频业务质量的评估方法主要是采用实验室模拟环境下对设备进行评估，或者采集宽带网络指标进行分析来推测视频的实际服务质量。与其他互联网业务不同的是，视频业务，尤其是视频播放业务更依赖于有效的用户体验带宽而不是物理的带宽，实时性要求较高，对全程综合的丢包、时延、抖动等网络特性非常敏感，很难用模拟或推测的方法反映运营过程中用户的真实体验。目前运营商已经部署的实验室检测能力、宽带网络监测手段获取的信息都存在不完整和不及时的问题，无法有效反映视频业务质量的全貌，和用户感知偏差较大。

- 实验室模拟环境只能评估静态场景下视频服务系统的质量保证能力，而现网中网络环境在动态变化，网络和业务系统造成的影响因素众多，依据模拟环境得出的结论根本无法准确推算现网何时会出现问题，也无法定位造成现网出现问题的具体原因。
- 传统的宽带网络故障定位排查方法不能满足实时视频服务用户体验的测量和定位需要。比如常用的宽带下载速率能够反映网络在一段时间内的平均数据传送水平，根据公开数据，2016 年三季度全国固定宽带用户网络下载的忙闲时加权平均可用下载速率为 11.03Mbit/s，仅从这个指标看用来传输 8M 高清视频是足够的，但从国内用户对互联视频服务的反馈看，还是会出现卡顿和马赛克，甚至会出现黑屏。网络指标与用户体验出现偏离取决于某个时刻网络和业务平台的综合性能指标，而不是某段时间内的平均水平，这个指标的影响因素分散在端到端的各个环节而且是动态变化的，没有任何运营商能够通过准确获得某个时刻所有网络指标和业务平台指标来复原用户实时感受。如何建立实时的视频服务用户体验评价能力一直是全球运营商的难题。

- 产业各环节的深度合作已经成为趋势，不同厂商对影响用户体验因素的检测和分析手段还存在差异，各环节厂商的工作还难以有效开展协调，实时解决影响视频服务用户体验的问题缺乏必要的标准。早在2009年，国际电信联盟（ITU-T）就启动了针对视频业务的质量评估标准制定工作；2012年，ITU-T发布了第一个针对视频质量的评价指标，但当时的标准更多是从网络主要影响因素来研究的，没有考虑到评价用户视频服务体验应该综合视频业务的全流程因素，也没有横向比较不同的分辨率带给用户的不同体验，对评价视频业务体验，指导视频体验的设计和优化起到的作用有限。

要解决这一问题就必须凝聚行业共识制定统一的用户体验评估标准；建立从“用户侧到内容侧”的全程监测系统、分析模型和指标体系；产业界以用户体验为中心，采用统一的标准，可以实现对不同网络、不同屏幕、不同场景下的视频服务体验的精准评估和问题的实时定位。该视频体验标准体系应具备可实施性、可扩展性，并与网络和业务的发展保持同步。

- 制定视频服务用户体验评价标准和建立评估手段对产业的发展具有重要的价值。

- 让行业主管部门开展行业监管工作，制定产业政策时；让地方政府在制定本地的智慧城市等发展规划时有了更科学的参考标准和手段。
- 给服务商和运营商提供全程的业务质量评估手段，有助于分析并快速定位网络、平台、终端对业务质量产生的影响，找到核心问题进行改善，比传统的方式有了巨大进步。
- 有助于服务商依托自身优势资源建立面向细分用户群的“宽带 + 大视频”差异化服务能力，从而打造视频时代的差异化竞争优势。
- 通过建立有行业共识的视频服务体验评价标准，为制造商完善自身产品、优化平台提供客观依据，加速产品和服务创新的速度和有效性。
- 通过提供客观有效的评估数据，广大用户在选择视频服务商时有了可靠的依据，充分保证消费者的知情权和选择权。

三、产业联合开展视频服务用户体验标准的研究和现网评估工作

为解决产业发展中存在的难题，改变目前视频消费中服务是否合格说不清、问题究竟在哪讲不明、用户权益无人保障的局面，中国信息通信研究院、国家新闻出版广电总局广播电视规划院、中国电信集团、中国移动集团、中国联通集团、华为公司、优酷视频、腾讯视频、爱奇艺、上海交通大学、博汇科技、网宿科技等国内视频领域的领军单位联合成立了中国视频服务用户体验标准工作组，以“为用户提供最好的视频体验、推动视频产业健康发展”为宗旨开展标准的研究工作，2016 年 9 月 27 日发布了国内首个《视频服务用户体验评估标准（1.0）》。这一标准的发布填补了国内外视频产业中一个重要的空缺，首先针对视频播放业务提出了评估需要参考的模型和选择的关键参数，并为视频通信、视频会议和视频监控等业务的用户体验开展评估留下空间，该标准将为今后大视频业务体系的高质量发展提供坚实的保证。

（一）标准将视频服务用户体验量化为三个主要指标

工作组通过对视频服务商和用户访谈，对大规模样本进行分析，发现现阶段对视频播放业务的用户体验影响比较大的因素（参见图 4）除了内容丰富度、内容是否新颖等传统上产业各方关心的因素外，视频播放的质量、操作响应时长、内容源质量会产生更为明显的影响，如图 6 所示。视频播放中的质量是指“视频播放过程中是否会出现卡顿、花屏等现象，以及这些现象影响用户观看的程度”；操作响应时长是指“用户使用视频服务时每次操作需要等待的时间，可以进一步分解为初始播放加载时间、频道切换时间等指标”；内容质量是指“内容源本身的质量，通常采用是否达到超高清视频、高清视频、标清视频等内容标准要求的清晰度来衡量”。

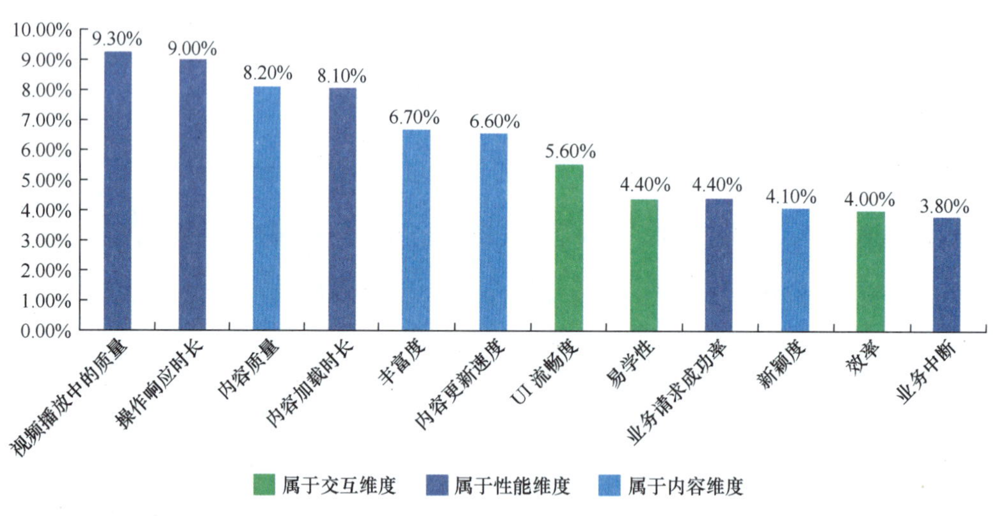

数据来源：视频服务用户体验标准工作组

图 6　影响视频服务用户体验的因素和影响程度

根据上述研究结果，工作组在《视频服务用户体验评估标准（1.0）》

中将衡量视频服务用户体验的因素主要归纳为视频显示质量、交互体验和观看体验三个方面，以此开展对用户体验的量化分析，如图 7 所示。

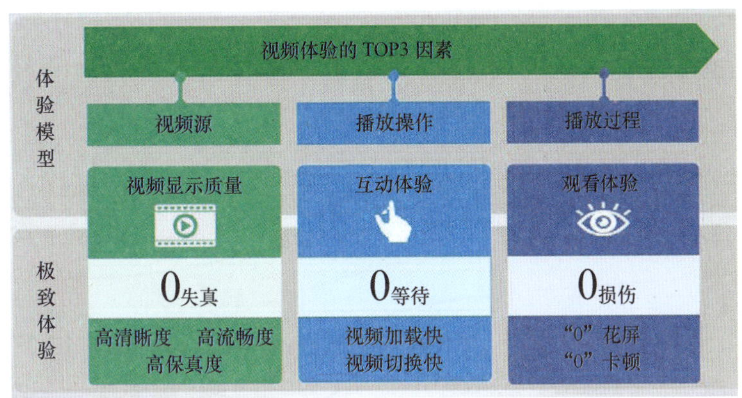

图 7　影响视频服务用户体验的主要三个因素

1. 视频显示质量

视频显示质量是指视频源本身的视频分辨率、码率、编码格式、媒体封装等指标的高低。

- 视频分辨率（如标清 720×576，全高清 1920×1080）：分辨率越高，视频的清晰度越高，相应的视频显示质量越高。
- 视频编码码率（如 1Mbit/s）：视频编码的码率越高，视频源图像的损失越少，清晰度越高，相应的视频显示质量越高。
- 编码类型（如 H.264/H.265）：不同类型的编码对视频的压缩率不同，同等带宽条件下，更先进的编码技术能提供更好的视频显示质量。
- 视频编码帧率（如标清电视为 24 FPS，超清电视可以达到 60 FPS）：帧率越高，视频的画面播出越流畅，相应的视频显示质量越好。

评估视频显示质量时不仅要考虑视频源本身的清晰度等因素，还要考虑用户的具体使用场景可能带来的其他影响，进行综合评价。显示设备的尺寸是一个最主要的影响因素，显示设备的尺寸越大，对视频源的分辨率和播放的带宽要求越高，因此相同的视频源在手机上的用户体验普遍高于通过电视获得的用户体验，如图 8 所示。

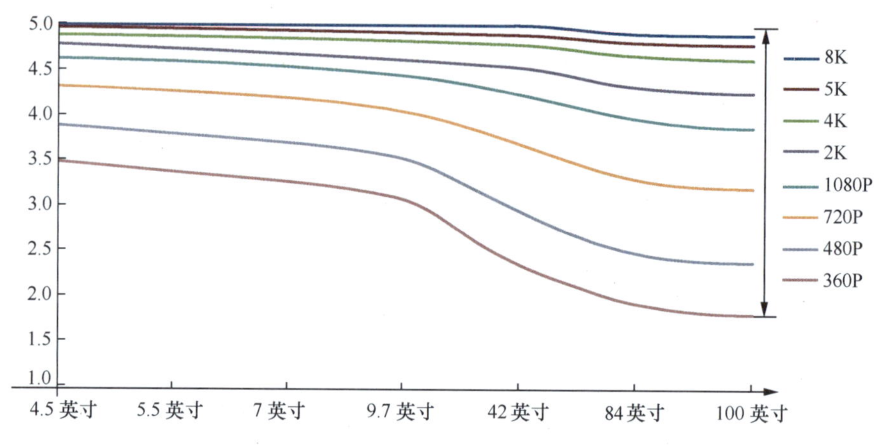

图 8　不同显示屏幕尺寸对于视频显示质量的影响

2. 交互体验

交互体验是指用户在视频业务使用过程中业务操作的便捷性和效率，包括直播、点播等业务操作的成功率以及交互时延等指标。用户的交互体验主要受视频系统的响应速度影响，包括菜单操作的响应速度、初始视频加载时长、频道切换时长、快进快退响应速度等指标。对于不同视频业务，用户关注的交互体验具体指标有所不同。

（1）直播交互体验的评价标准

受传统电视使用习惯的影响，用户对换台时延的期望值较高，因此在直播业务操作时，频道切换的时延是影响交互体验最重要的因素，频道切换时延越长，用户体验越差。根据用户主观体验测试和人眼极限反应数据的分析，直播交互体验评价的标准应设定见表 1。

表 1　直播交互体验得分与频道切换时延的关系

评测结果	频道切换时延（ms）	备注
优 (4 ～ 5)	≤ 500	(4 ～ 5)：4 <交互体验得分≤ 5
良 (3 ～ 4)	500 ～ 1000	(3 ～ 4)：3 <交互体验得分≤ 4 500 ～ 1000：500 <频道切换时延≤ 1000
中 (2 ～ 3)	1000 ～ 2000	(2 ～ 3)：2 <交互体验得分≤ 3 1000 ～ 2000：1000 <频道切换时延≤ 2000
差 (1 ～ 2)	2000 ～ 4000	(1 ～ 2)：1 <交互体验得分≤ 2 2000 ～ 4000：2000 <频道切换时延≤ 4000
极差 (1)	＞ 4000	

（2）点播交互体验的评价标准

由于点播业务在传统上操作的反应比较慢，用户对视频点播交互体验的时长指标容忍度比较高，业界普遍采用“2 秒定律”来衡量：即大部分用户对在点播操作后的 2s 内能完成视频初始加载的服务是可以接受的；超过 2s 之后，点播操作后的视频初始加载时间每增加 1s 约有 10% 的用户选择放弃；当交互时延达到 10s 时大多数用户会选择放弃。

另外根据用户调研，工作组还发现受到过去使用惯性的影响，用户对不同尺寸终端的交互体验整体时延期望值存在明显差异，比如用户对于电视初始加载的时长要求明显高于手机 /PAD。随着网络条件的改善，终端性能的提升，多屏互动服务的增多，一方面用户对于交互体验的期望值会不断提高，另一方面不同终端上用户的交互体验整体时延期望值会逐步接近，如图 9 所示。

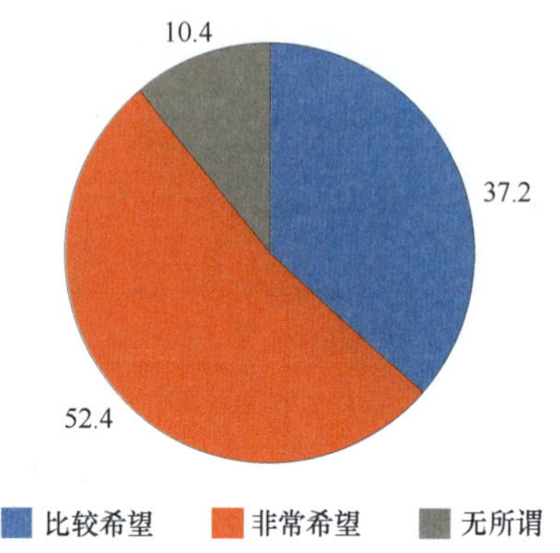

数据来源：视频服务用户体验标准工作组

图 9　用户对在电视和手机上交互时延保持一致的期望度调查

根据用户主观体验测试和人眼极限反应数据的分析，点播交互体验评价标准的设定见表 2。

表 2　点播交互体验得分与初始视频加载时长的关系

评测结果	电视的加载时长 (ms)	手机的加载时长 (ms)	备注
优 (4 ～ 5)	≤ 1000	≤ 1000	(4 ～ 5)：4 <交互体验得分≤ 5
良 (3 ～ 4)	1000 ～ 2000	1000 ～ 3000	(3 ～ 4)：3 <交互体验得分≤ 4 1000 ～ 2000：1000 <加载时长≤ 2000 1000 ～ 3000：1000 <加载时长≤ 3000
中 (2 ～ 3)	2000 ～ 5000	3000 ～ 5000	(2 ～ 3)：2 <交互体验得分≤ 3 2000 ～ 5000：2000 <加载时长≤ 5000 3000 ～ 5000：3000 <加载时长≤ 5000
差 (1 ～ 2)	5000 ～ 8000	5000 ～ 10000	(1 ～ 2)：1 <交互体验得分≤ 2 5000 ～ 8000：5000 <加载时长≤ 8000 5000 ～ 10000：5000 <加载时长≤ 10000
极差 (1)	>8000	>10000	

3. 观看体验

观看体验即视频在播放过程中是否出现视频图像不能连续，图像出现异常等质量劣化的情况，包括花屏、马赛克、卡顿、声画不同步等，造成这些情况的原因主要是网络和业务平台的能力是否满足要求，是否能协调一致。比如视频直播时会因网络丢包发生花屏现象，点播时会因网络或平台缓存等原因造成数据包到达延迟而引起视频卡顿，如图 10 和图 11 所示。

图 10　直播花屏现象

图 11　点播卡顿现象

另外根据用户调研，工作组发现受到过去使用惯性的影响，用户对不同尺寸终端观看体验的期望值存在明显差异。比如用户对于同样的卡顿现象，在电视上的容忍度较低，用户体验会比较差；但在手机上容忍度就比较高，用户体验受到的影响比较小。

4. 视频服务的用户体验综合评价

视频服务的用户体验综合评价就是通过对上述各项量化指标进行综合考量，得出尽量逼近用户对视频服务真实感受的量化结果。考量主要参考的指标来自反映用户观看视频业务体验的视频显示质量、交互体验和观看体验三个方面，如图 12 所示。

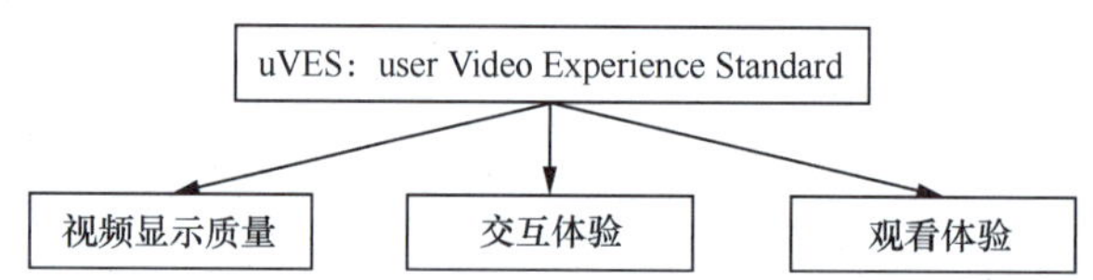

图 12　用户体验综合评价是综合三类指标得出的整体量化结果

《视频服务用户体验评估标准 1.0》首先对三方面的各项指标如何界定做出规范，在此基础上给出视频服务用户体验综合评价的量化计算方法，给出综合评分 uVES(user Video Experience Standard) 的定义。该指标是用量值尽量描述出某个时刻，用户通过特定终端获得视频服务的当时体验。

- 这个量值是目前技术条件下，产业界用量化方法描述用户体验的，最贴近真实结果的手段；其精准性虽然与实验室专业的 MOS 评分存在差距，但可以解决 MOS 评分无法对现网进行在线实时评估的问题。
- uVES 是将业务层面的指标和网络层面的指标结合起来进行分析的，和过去单纯用网络层面的指标推测视频业务质量的手段存在根本不同。
- uVES 对各项指标综合考量的方法在不同场景针对不同业务时存在差异，标准中对 uVES 的适用范围做了规定，在使用中需要根据情况进行调整。uVES 得分和用户体验程度的关系见表 3。

表 3　uVES 得分和用户体验程度的关系

评测结果	业务体验 / 用户满意度说明
优 (4 ～ 5)	用户体验很好，完全达到甚至超出用户的预期
良 (3 ～ 4)	用户体验较好，用户愿意继续使用业务
中 (2 ～ 3)	用户体验一般，但大部分用户能忍受并长时间使用
差 (1 ～ 2)	用户体验较差，部分用户会放弃业务或投诉
极差 (1)	质量很差，绝大部分用户难以忍受，并放弃业务

（二）依托标准，在全国范围内开展首次用户体验的抽样评测

标准的发布为今后对不同网络、不同终端、不同场景的视频服务用户体验进行实时在线评估奠定了基础。为验证标准的实用性，工作组在标准（1.0）版本发布后首先以视频播放服务为对象进行了标准验证，国内主要电信运营商和互联网视频服务商联合在国内开展了首次视频播放的大范围用户体验评测活动。

目前国内视频播放服务主要包括 IPTV 业务、互联网视频业务和有线电视业务，由于时间原因，本次用户体验评测先采集部分地区的 IPTV 业务和互联网视频业务的样本数据，有线电视业务的样本数据采集工作正在进行中，将在后续的报告中发布。

目前国内已有多家厂商开始研发和部署视频服务的用户体验检测工具，需要完成标准一致性的测试后才能大规模部署。本次评测活动选择部分业务发展成熟、检测工具已经完成标准一致性测试的地区用户作为测试样本。目前多家电信运营商、有线电视运营商和互联网视频服务商正在着手部署用户体验评估系统，随着相关工作的推进，用户体验的样本采集最终将覆盖全国所有主流视频服务商的用户终端。

1. IPTV 视频业务的评测情况

此次活动选择中国电信和中国联通等部分省电信运营商的 IPTV 业务点

播用户和直播用户进行评测，通过在 IPTV 终端上部署测试工具采集数据。

- 测试选用的内容样本的清晰度包括：PAL(720×576)、720P(1280×720)、1080P(1920×1080)、4K(3840×2160)；用户电视终端的显示屏尺寸以 42 英寸为主。
- 选择 2016 年 10 月的一周内 7×24 小时实时连续数据作为采样数据；通过测试软件每 5 分钟从用户端的 IPTV 机顶盒采集 1 次数据，样本数约 100 万条。

2. 互联网视频业务评测

此次活动选择国内主流互联网视频服务商的服务进行评测，包括：优酷土豆、爱奇艺、腾讯视频、乐视、芒果 TV、风行。通过第三方视频体验评测公司测试工具（北京博睿宏远科技发展有限公司和听云科技）测试，并发展一批友好用户帮助进行评测。

- 测试选用的内容样本包括热门电影、电视剧、综艺节目；PC 测试终端的显示屏以 19 英寸为主，手机测试和终端的显示屏以 5.5 英寸为主。
- 测试选用的内容样本清晰度包括：270P(480×272/640×272…)、360P(640×352/640×360/960×540…)、720P(1280×720…)、1080P(1920×1080)、4K(3840×2160)。
- 选择 2016 年 10 月的一周内 7×24 小时实时连续数据作为采样数据，通过测试软件每 5 分钟从用户端采集 1 次数据，样本数约 500 万条。
- 测试覆盖地域包括：一类地区的北京、上海、广州、深圳；二类地区的杭州、成都、西安、沈阳；三类地区的海口和南宁。
- 选择被测用户使用的宽带网络或移动宽带网络包括：中国电信集团、中国移动集团、中国联通集团、长城宽带公司、中国教育网、中国铁通公司。

四、国内视频服务的用户体验水平不均衡，未来有较大提升空间

通过对此次活动采集的样本数据进行分析，可以发现国内不同业务形态、不同服务商视频播放业务的用户体验水平存在明显差异，得到专门网络质量保障的视频播放业务的用户观看体验较好，而系统的交互性能等有一定改进空间。在开放互联网上传输的互联网视频业务的用户体验受网络流量拥堵等因素影响较大，未来需要不断通过技术措施进行优化。

（一）IPTV 业务的用户体验整体得分高于互联网视频业务的用户体验得分

从获得的样本数据分析来看，IPTV 业务的用户体验基本得到保障，互联网视频体验受网络因素影响较大；IPTV 样本用户的 uVES 得分平均为 3.06（良），而互联网视频服务在 PC 端的 uVES 得分平均为 1.79（差），互联网视频手机端的 uVES 得分平均为 2.53（中）。应该说相比 IPTV 业务，互联网视频服务仍然有很大的提升空间，其主要原因是

IPTV 全程通过专网传送，网络传输质量能得到保障，而互联网视频服务通过公网传送，需要和其他互联网业务共享网络资源，在流量高峰时用户体验难以保障。

从影响用户视频体验的三个主要因素来看，互联网视频服务用户体验低于 IPTV 的主要原因是受网络影响大的互联网视频显示质量与 IPTV 差距较大，互联网视频 PC 端的视频显示质量得分只有 1.98，手机端视频显示质量得分为 2.74，如图 13 所示。

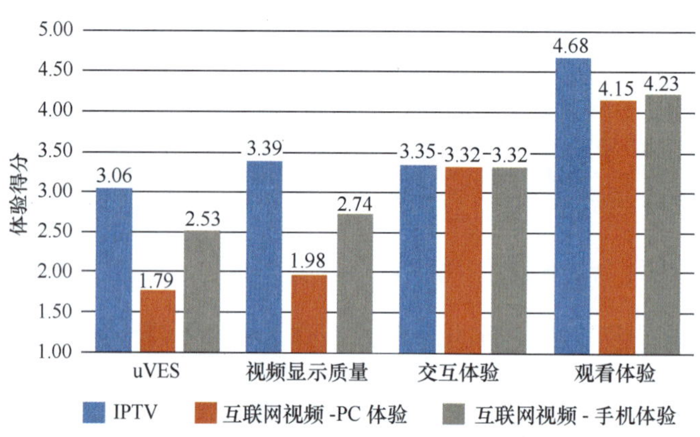

数据来源：视频服务用户体验标准工作组

图 13　IPTV 与互联网视频的用户体验评价结果对比

（二）电信运营商 IPTV 用户体验整体表现良好

本次活动选择国内部分省份电信运营商 IPTV 的直播业务和点播业务进行用户体验评测，评测的显示终端采用电视（以 42 英寸屏幕为主）。

1. 电信运营商 IPTV 用户体验评测的整体情况

（1）运营商 IPTV 业务用户体验整体表现良好，其中观看体验的表现最好，视频显示质量和交互体验的提升空间大，如图 14 所示。

- 用户体验的 uVES 平均分为 3.06（表现良）；三要素平均分都在 3 分以上。
- 观看体验平均分为 4.68（表现优），8‰用户观看过程中有不同程度的卡顿 / 花屏等现象出现。
- 交互体验是 IPTV 的短板，平均分为 3.35 分，最低达到 1 分，提升空间大；这是因为传统 IPTV 业务平台是专用平台，系统的扩展能力还需进一步提升。
- 视频显示质量提升空间大。

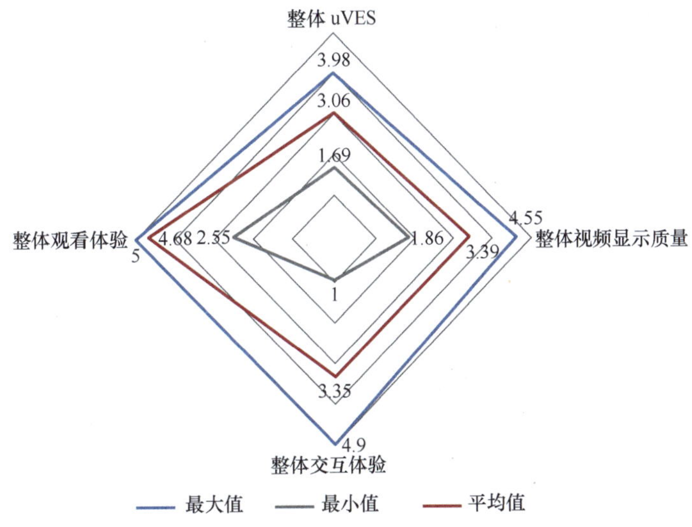

数据来源：视频服务用户体验标准工作组

图 14　运营商 IPTV 服务视频体验的整体状况

（2）直播业务 uVES 平均分高于 3 分，表现良好，充分体现网络优势

- 直播业务 uVES 的 3 个主要影响因素平均值均大于 3 分；

- 观看体验得分为 4.72，表现优异；
- 交互体验平均得分最低，只有 3.35，提升空间较大（主要原因：直播频道切换要求高，而目前 IPTV 的专用业务系统需要升级）。

IPTV 直播用户体验结果分析，如图 15 所示。

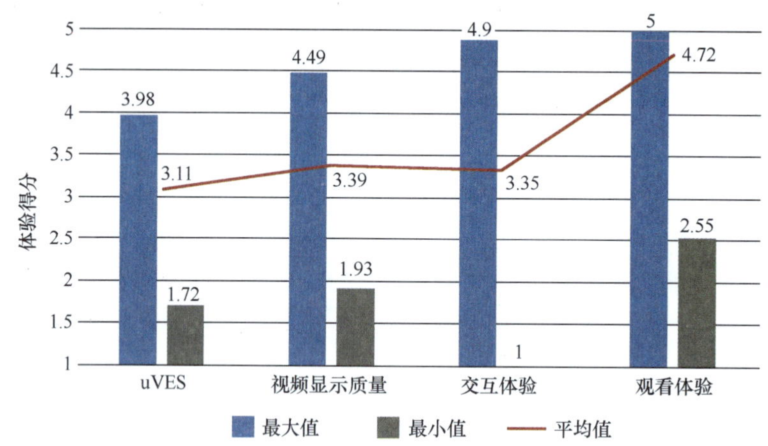

数据来源：视频服务用户体验标准工作组

图 15　IPTV 直播用户体验结果分析

（3）点播业务 uVES 平均分高于 3 分，体验良好

- 点播业务 uVES 的 3 个主要影响因素平均值均大于 3 分，体验良好；
- 观看体验表现优，接近 5 分，说明目前专网质量保障有效；
- 点播业务的视频显示质量得分最低，需要提升；
- 交互体验平均得分是 3.7，有一定提升空间。

IPTV 点播用户体验结果如图 16 所示。

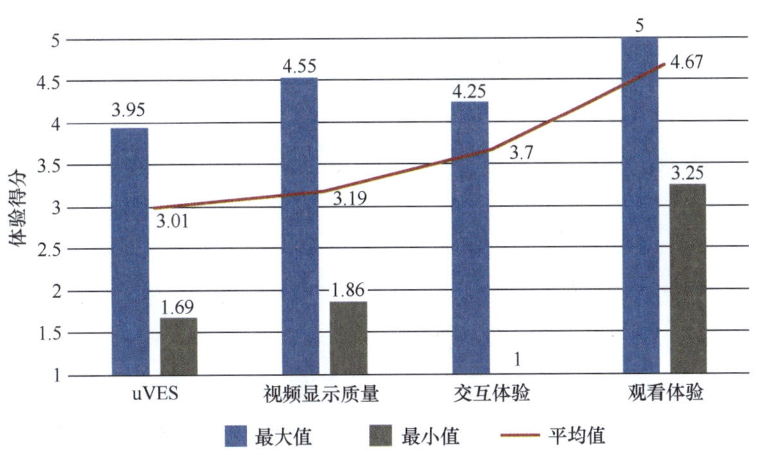

数据来源：视频服务用户体验标准工作组

图 16　IPTV 点播用户体验结果分析

（4）在点播业务中，4K 内容的交互体验和观看体验有提升空间

从评估结果分析，IPTV 点播业务的 4K 内容视频显示质量评分超过高清内容的评分，这是 4K 技术的天然优势所在，如图 17 所示。

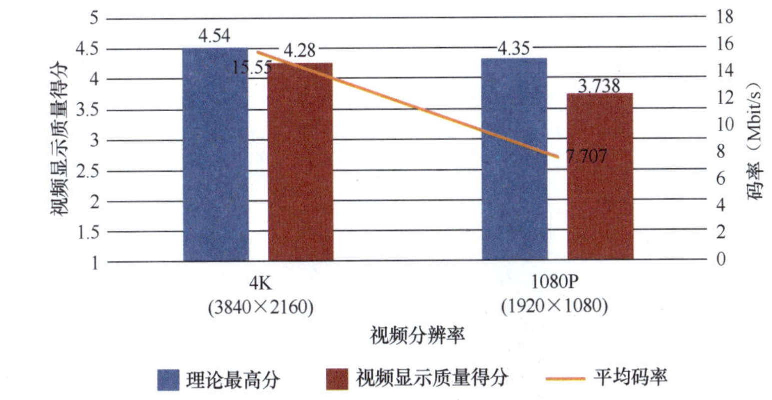

数据来源：视频服务用户体验标准工作组

图 17　不同分辨率的 IPTV 点播业务视频显示质量对比

点播业务的 4K 内容交互体验却较低（如图 18 所示），这是由于 4K 点播内容相对高清（1080P）内容在码率上要求更高，4K 采用平均 15Mbit/s 码率，高清（1080P）采用平均 7.707Mbit/s 码率。由于运营商 IPTV

的 4K 点播业务普遍采用 HTTP/HLS 传输协议，目前 IPTV 的 4K 点播内容的视频加载时间接近 3s，远高于采用 RTP/RTSP 协议的高清 / 标清点播加载平均时长 1.279s，并且超过用户通常习惯的 2s 界限造成用户流失。

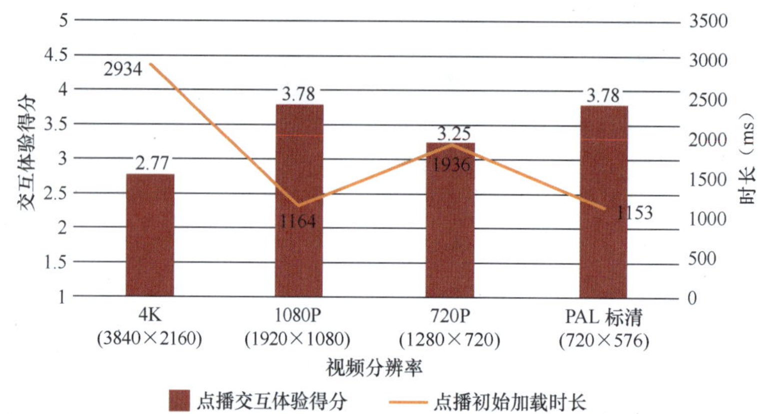

数据来源：视频服务用户体验标准工作组

图 18　不同分辨率 IPTV 点播业务交互体验对比

用户在 4K 内容点播时遇到的卡顿概率远高于高清 / 标清点播时卡顿的概率，如图 19 所示，IPTV 为适应 4K 内容增多的需要，应继续提升网络传输能力，部署性能更强大的终端。

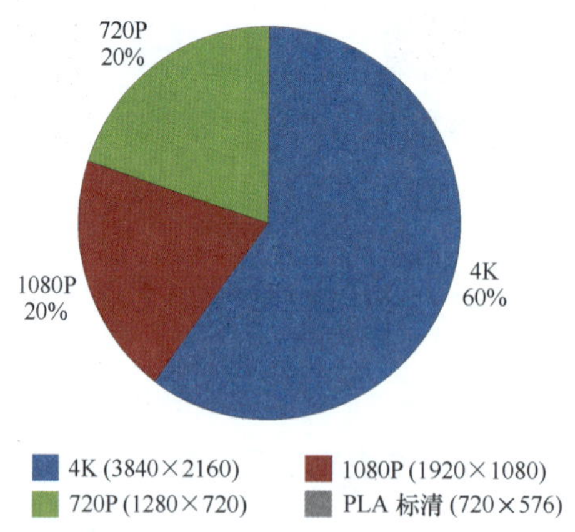

数据来源：视频服务用户体验标准工作组

图 19　不同分辨率 IPTV 点播卡顿次数占比

2. 电信运营商 IPTV 视频显示质量良好

工作组选择了国内部分省份电信运营商的 IPTV 业务视频显示质量进行评测，显示终端采用电视（以 42 英寸屏幕为主），发现如下情况。

（1）IPTV 视频显示质量良好，平均分超过 3 分

目前 IPTV 视频显示质量的平均分达到 3.39，属于良好程度。这说明在各类视频分辨率下系统采用的对应码率设置合理，随着分辨率的提升，码率相应地得到提高，实现了分辨率越高，视频显示质量越高。4K 视频显示质量得分最高，平均分为 4.28，PAL 标清视频显示质量得分最低，为 2.763 分，1080P 与 720P 视频显示质量差异不明显（如图 20 所示）。

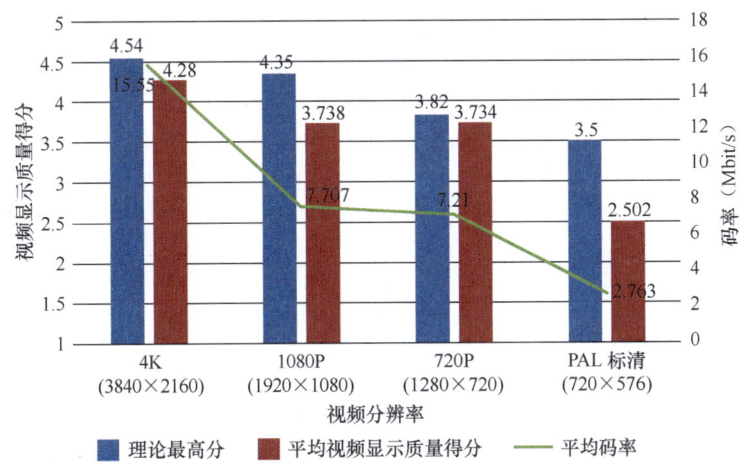

数据来源：视频服务用户体验标准工作组

图 20 IPTV 业务的视频显示质量情况

（2）高清内容成为 IPTV 用户观看的主流

从数据分析可以看出，在 IPTV 的用户群中，1080P（1920×1080）内容的观看率排第一位，占到用户观看记录的 70% 以上，说明习惯观看高

清内容的 IPTV 用户已经成为主流。IPTV 业务，提供的内容视频分辨率种类较少，少量非规范分辨率 others(544×578、528×576) 仅占 1.68%，如图 21 所示。

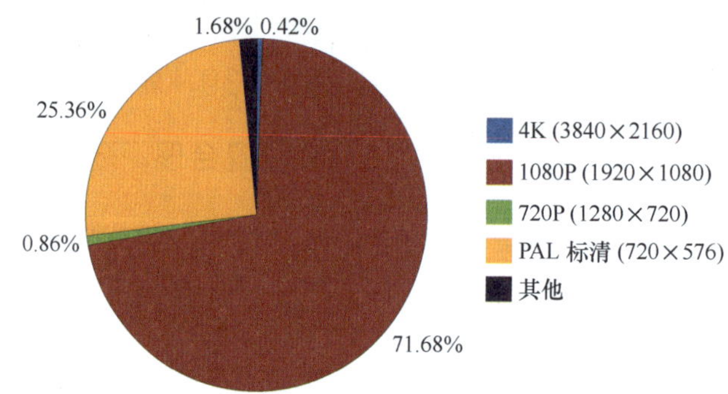

数据来源：视频服务用户体验标准工作组

图 21　IPTV 业务视频分辨率的用户收看分布情况

（3）IPTV 的直播内容视频显示质量优于点播内容

- 在不同分辨率的 IPTV 业务直播内容中，高清内容的收看占比最高，为 76.05%，比点播高清内容占比的 49.95% 高出 26.1%，如图 22 所示；
- IPTV 业务点播的标清内容占比远高于直播的标清内容占比，如图 23 所示，拉低了点播视频显示平均分，这主要是由运营商提供的片源决定的，随着时间的推延，高清内容在点播业务中占比会逐步提升；
- 目前 IPTV 业务直播还缺乏 4K 内容，而 IPTV 业务点播中 4K 内容占比达到 2.53%，这是由于国内目前缺乏 4K 直播内容造成的；
- IPTV 业务中 720P 以上的内容占比达到 55.26%，说明 IPTV 的片源质量不断提升，用户收视习惯在逐步向以高清内容为主转变。

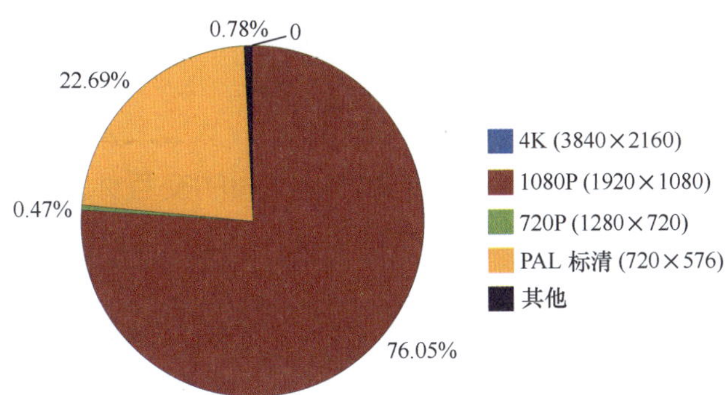

数据来源：视频服务用户体验标准工作组

图 22　IPTV 直播观看的视频分辨率分布情况

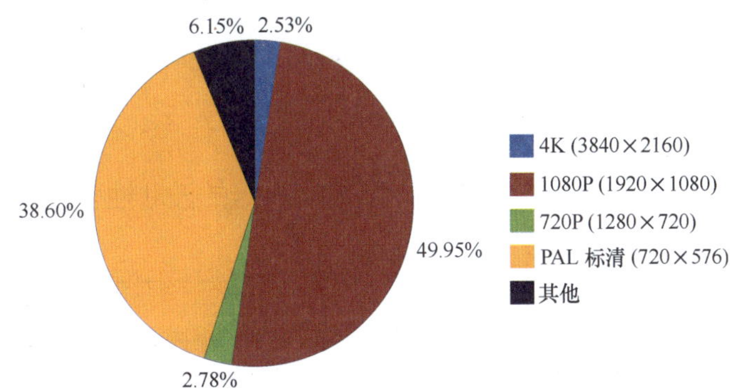

数据来源：视频服务用户体验标准工作组

图 23　IPTV 点播观看的视频分辨率分布情况

3. 电信运营商 IPTV 业务的交互体验整体表现良好

影响 IPTV 业务交互体验的几个主要因素中，菜单操作响应速度、操作成功率的表现优异，只有点播的初始视频加载时长和直播的频道切换时长，快进快退响应速度受网络传输性能的影响需要特别关注。参考表 1 直播交互体验得分与频道切换时延关系，表 2 点播交互体验得分与初始视频加载时长的关系。由于用户在传统电视服务和互联网点播服务上长期形成的使用惯性，用户对直播和点播的交互体验期望值存在差异，用户对于直播频道切换时长的期望值高于点播初始加载时长。

此次评测发现以下情况。

（1） IPTV 业务交互体验整体良好，点播的交互体验评分高于直播的交互体验

- 交互体验整体平均分大于 3 分，其中点播和直播交互体验平均分均大于 3 分；由于用户对点播的期望比较低，点播的交互体验评分高于直播。
- 点播初始视频加载时长的平均值为 1279ms，直播的频道切换时长平均值为 910ms；点播初始视频加载时长最短为 722ms，最长为 10316ms，直播频道切换时长最短为 135ms，最长为 5784ms；在 1s 之内的点播初始视频加载时长样本占总样本的 23.09%，在 1s 之内的直播频道切换时长占总样本的 56.12%，两个指标均有一定的波动性，如图 24 所示。

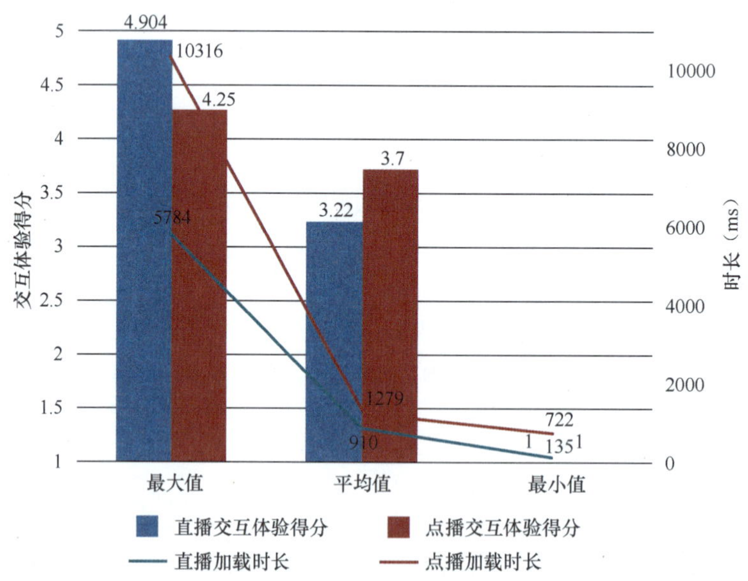

数据来源：视频服务用户体验标准工作组

图 24 IPTV 业务的点播 / 直播交互体验评分情况

（2）IPTV 业务直播交互体验表现良好，频道切换时长基本在 1s 以内

样本用户的直播交互时长的平均值为 910ms，表现良好；其中 50.05% 的用户体验优于平均值，56.12% 的用户频道切换时长在 1s 以内，整体分布比较平均；有 93.06% 的样本用户直播频道切换时长在 2s 以内，还有 0.65% 的样本用户频道切换时长超过 4s，超出了用户忍耐极限，仍有改进空间，如图 25 所示。

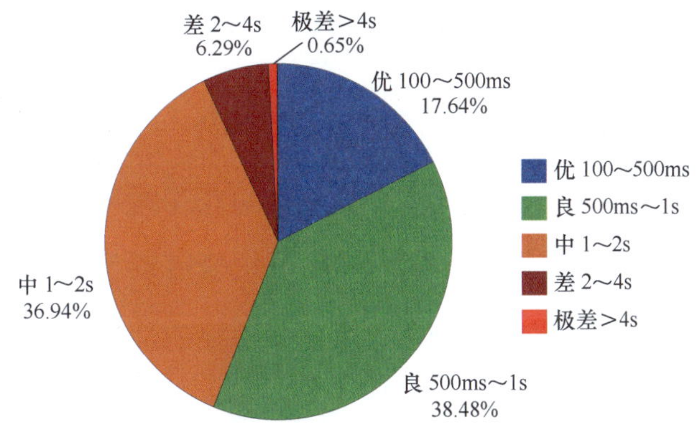

数据来源：视频服务用户体验标准工作组

图 25 IPTV 业务的直播频道切换时长分布

（3）IPTV 业务点播的交互体验表现良好，初始视频加载时长平均值在 2s 以内

点播操作初始视频加载时长平均为 1279ms，表现良好，其中 47.6% 的用户体验优于平均值，92.9% 的初始视频加载时长在 2s 以内，接近 70% 的用户点播初始视频加载时长在 1 ~ 2s 以内，23.09% 在 1s 以内，还有 0.01% 的用户初始视频加载时长超过 8s，体验极差（如图 26 所示）。

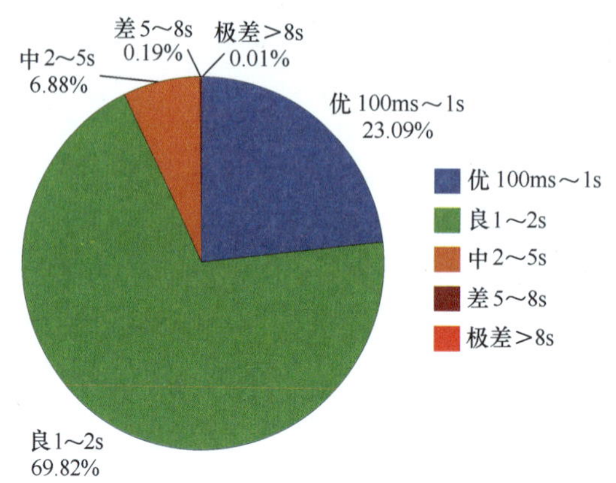

数据来源：视频服务用户体验标准工作组

图 26　IPTV 业务的点播初始视频加载时长分布

4. 电信运营商 IPTV 业务的观看体验表现优秀

（1）IPTV 业务的观看体验实现几乎零花屏和零卡顿，表现优秀

评估中 IPTV 业务的观看体验评分的平均值接近 5 分，仅有 0.1‰的 IPTV 用户在观看时存在卡顿 / 花屏等现象。直播的观看体验优于点播，直播花屏率为六万分之一（0.0166‰），点播卡顿率为 0.2‰。

（2）4K 内容点播时出现卡顿比例高于其他分辨率

在 IPTV 点播出现的卡顿现象中，4K 内容播出时出现卡顿的次数占总卡顿次数的 60%，如图 27 所示，这和 4K 内容传输需要更高的带宽有直接关系。

（三）互联网视频服务的用户体验还得不到充分保障

本次活动选择国内部分省份的互联网视频服务点播业务进行用户体验评测。评测选择分辨率和码率相同的内容，评测分为 PC 终端（以 19 英寸屏幕为主）上的用户体验和手机端（以 5.5 英寸屏幕为主）上的用户体验两种情况。

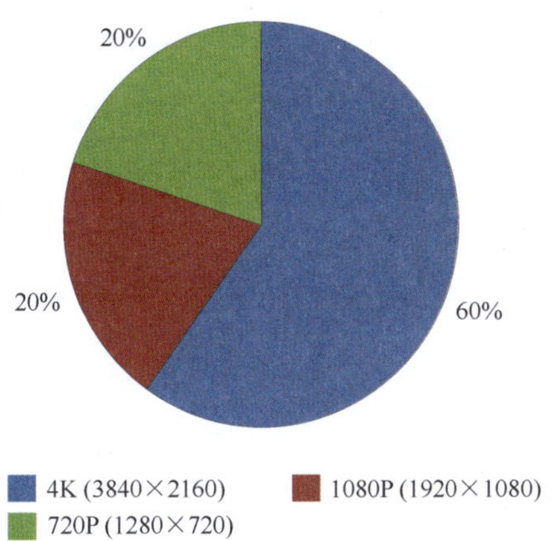

数据来源：视频服务用户体验标准工作组

图 27　IPTV 业务点播中不同分辨率内容的卡顿情况分布

1. 互联网视频服务用户体验的评估整体情况

（1）互联网视频服务的用户体验在不同终端存在差异，视频显示质量和交互体验提升空间大

- 在 PC 终端上评估的用户体验分数平均值偏低，PC 终端用户的 uVES 平均分为 1.79，其中 82.61% 的 uVES 体验为差（1 ~ 2 分）;
- 手机端的用户体验评分优于 PC 终端上的用户体验，平均得分为 2.53，其中 5.63% 样本用户的用户体验评估为良，0.48% 的样本用户评估为优;
- 在 PC 终端上评估的视频显示质量平均得分为 1.98，与手机端上评估的视频显示质量相比差异较大;
- 从交互体验和观看体验两个要素来看，PC 终端和手机端的评估得分很接近。

互联网视频服务的用户体验评分的分布，如图 28 所示。

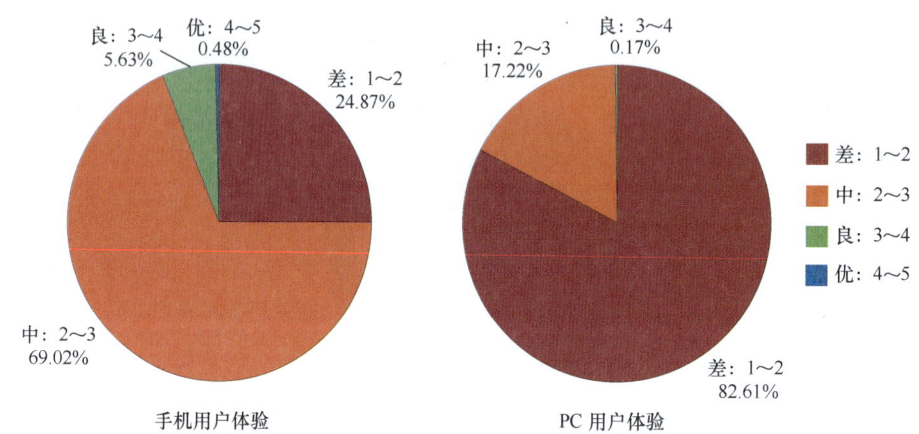

数据来源：视频服务用户体验标准工作组

图 28　互联网视频服务的用户体验评分的分布

（2）同级别地区的互联网视频服务用户体验差距不明显

- 从杭州、沈阳、西安、海口、深圳、成都、南宁、北京、广州、上海几个城市的样本用户获取的用户体验数据分析，同一级别各城市间的视频用户体验评分差异不明显，无论是 PC 终端还是手机端的用户体验评分的平均值都与本次评估的平均得分很接近；
- 本次评估涉及的城市中，杭州的互联网视频服务用户体验综合评价最突出，其中 PC 终端用户体验的得分平均值为 1.86，手机端用户体验得分平均值为 2.67；
- 由于人口压力大，用户体验综合评价得分最低的是上海市，其中 PC 终端用户体验的得分平均值为 1.76，手机端的体验得分平均值 2.49，但与其他地市相比差距不大。

不同地区互联网视频服务用户体验综合评价情况对比，如图 29 所示。

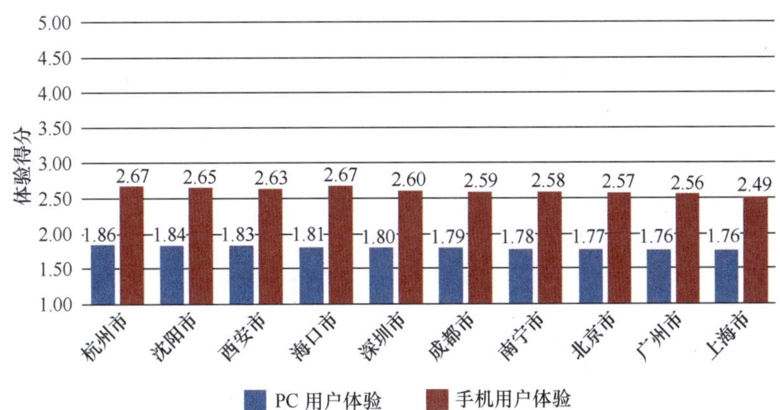

数据来源：视频服务用户体验标准工作组

图 29　不同地区互联网视频服务用户体验综合评价情况对比

（3）不同互联网视频服务商的服务用户体验差异明显

本次活动对国内主要的 7 家视频服务商进行评测如图 30、图 31 所示，可以看出，由于无法和运营商的网络形成全程紧密配合，互联网视频服务的用户体验得分偏低。

- 服务商 A 的用户体验综合评价最优，其 PC 终端用户的 uVES 得分为 2.23，手机端用户的 uVES 得分为 3.04。服务商 A 的交互体验和观看体验略低于其他视频服务商，其最大优势在于视频显示质量领先于其他视频服务商，其 PC 终端用户视频显示质量得分为 2.51，手机端用户视频显示质量得分为 3.31，分别比排名第二的服务商 B 高出 0.4 分以上。这也是服务商 A 的综合体验评分最高的重要原因。
- 服务商 G 的综合体验得分最低，其 PC 终端用户 uVES 得分为 1.48，手机端用户 uVES 得分为 2.28。从影响用户体验的三个要素来看，服务商 G 的交互体验和观看体验与其他视频服务商相比差异不大，但其视频显示质量得分偏低，PC 终端用户视频显示质量得分为 1.59，手机端视频显示质量得分为 2.39。

- 服务商 F 的交互体验低于其他视频服务商，得分为 2.87，但是观看体验是所有视频服务商中得分最高的，可以看出，服务商 F 为了保障用户播放的流畅度而增加了点播初始缓冲的时间，甚至不惜牺牲其他指标。
- B、C、D、E 四个视频服务商的用户体验综合评分在同一个层次，三个要素的发展比较均衡，视频显示质量、交互体验和观看体验在各个视频服务商中均处于中间位置。

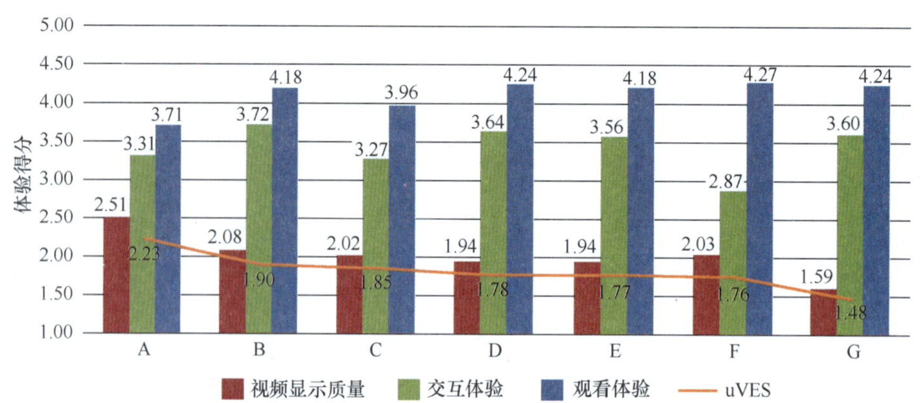

数据来源：视频服务用户体验标准工作组

图 30 不同互联网视频服务商用户体验综合对比（PC 终端）

- 第一类：通过提升视频码率的方式来取得较好的视频服务用户体验，但是由于互联网视频服务的高码率得不到高带宽的保障，码率提升后播放出现卡顿的概率反而较大，导致用户观看体验评分下降。
- 第二类：通过增加初始视频加载时间，缓冲更多的播放数据来保障用户在观看过程中的流畅性，让观看体验得到一定程度的保障，但由于这会造成点播初始视频加载时间的延长，影响用户的交互体验，用户体验的综合评分并没有得到提高。

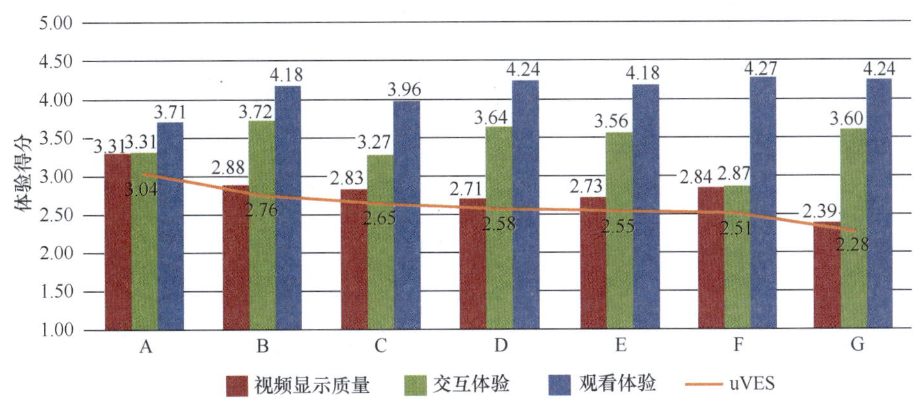

数据来源：视频服务用户体验标准工作组

图 31　不同互联网视频服务商用户体验综合对比（手机端）

互联网视频服务商主要采用如下措施来改善视频服务的用户体验。

- 第三类：同时面向视频显示质量、交互体验和观看体验进行均衡配置，在初始视频加载时间不大的情况下，尽力保证用户观看的流畅度，这要视频服务商综合采用多种技术手段（如 CDN 下沉尽量靠近用户、新的编码技术、终端播放性能优化）才能实现。

（4）网络运营商对视频服务用户体验的保证能力存在很大差异

本次活动对中国电信集团、中国移动集团、中国联通集团、长城宽带公司、中国教育网、中国铁通公司 6 家运营商网络上所承载的互联网视频服务的用户体验进行了评测和对比，如图 32、图 33 所示，可以看出这些运营商网络的业务质量保证能力存在很大差异：

- 网络运营商 F 的 uVES 体验得分平均值为 1.45 分，远低于 6 家运营商的平均分 1.79，其中交互体验（2.91）、观看体验（3.83）都比其他运营商差，视频显示质量和其他运营商差异不大，主要是网络的端到端性能优化存在问题；

- 网络运营商 A、B、C、D、E 的视频显示质量、交互体验、观看体验三个子项得分差异不大，所以 uVES 体验得分很接近，应该说国内网络运营商面向视频服务的发展都对网络进行了提速升级，取得一定成效。

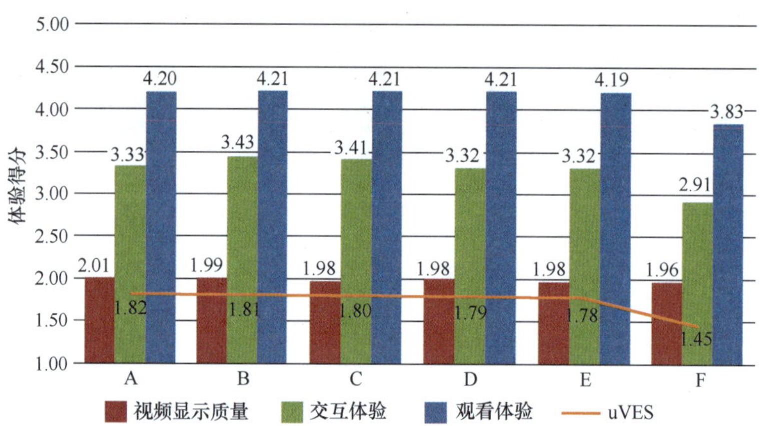

数据来源：视频服务用户体验标准工作组

图 32　不同运营商网络中互联网视频服务用户体验对比（PC 端）

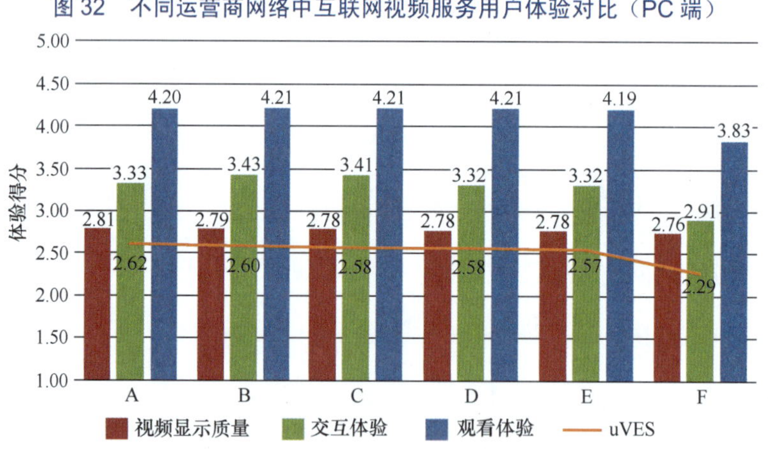

数据来源：视频服务用户体验标准工作组

图 33　不同运营商网络中互联网视频服务用户体验对比（手机端）

2. 互联网视频服务视频显示质量的评测情况

（1）互联网视频服务的视频显示质量整体较差，手机屏优于 PC 屏

- 由于手机屏幕小，相同分辨率和码率的视频流在手机上的显示质量高于 PC 屏。手机用户的视频显示质量平均分为 2.74 分，PC 用户的视频显示质量平均分低于 1.98 分（参考图 13）。
- 互联网视频服务的码率设置合理，满足视频分辨率越高，码率越高，视频显示质量的评分越高的规律。以 5.5 英寸的手机屏幕为例：1080P 内容的视频显示质量平均得分最高，为 3.07；360P 内容的视频显示质量平均得分最低，为 1.67 分。
- PC 屏幕的显示质量普遍比手机低，1080P 在 PC 屏幕上的显示质量比手机低 1.2 分，360P 在 PC 屏幕上的显示质量比手机低 0.62 分。

互联网视频服务不同分辨率的视频显示质量，如图 34 所示。

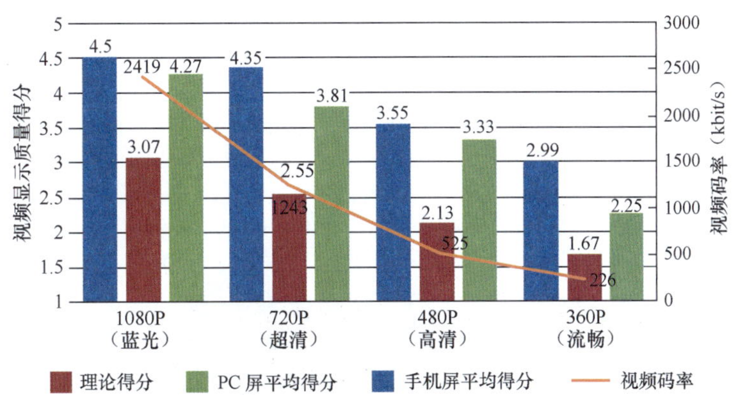

数据来源：视频服务用户体验标准工作组

图 34 互联网视频服务不同分辨率的视频显示质量

互联网视频服务各级别分辨率下的视频显示质量评价得分与理论得分的差距较大，主要原因是网络带宽无法保障，互联网视频服务采用的码率偏低，为了达到更好的显示质量，互联网视频服务还需要提升码率。

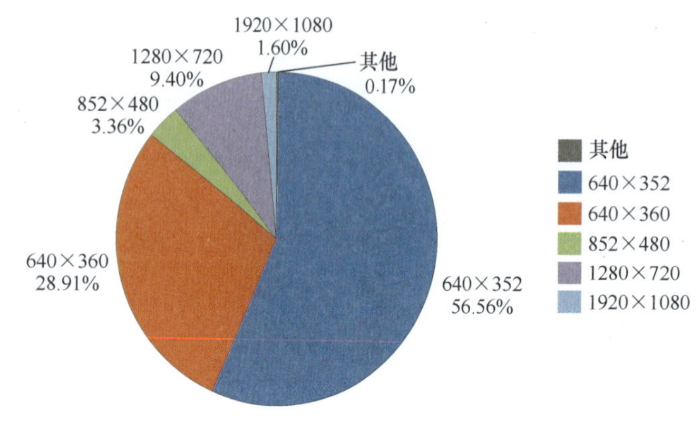

数据来源：视频服务用户体验标准工作组

图 35　互联网视频服务片源分辨率分布

（2）互联网视频服务采用的分辨率呈现多样化

由于 PC 终端、手机的屏幕尺寸多样化，为保证都取得更好的用户体验，视频服务商对每一个视频内容都会编成多个不同分辨率的片源，这导致互联网视频的分辨率呈现出多元化的趋势，如图 35 所示。

目前，互联网视频服务的同一个内容采用的分辨率有 10 多种，如 270P、360P、480P 到 720P、1080P 等。从手机端（以 5.5 英寸屏为主）用户的使用记录分析，从单个片源的观看记录来看，目前观看 640×352 和 640×360 分辨率内容的使用记录所占比例最大，分别是 57% 和 29%。从整体的互联网视频观看记录来看，观看标清内容的使用记录占观看总记录的 80% 以上，而观看 720P、1080P 的用户观看记录只有 10%，如图 36 所示。

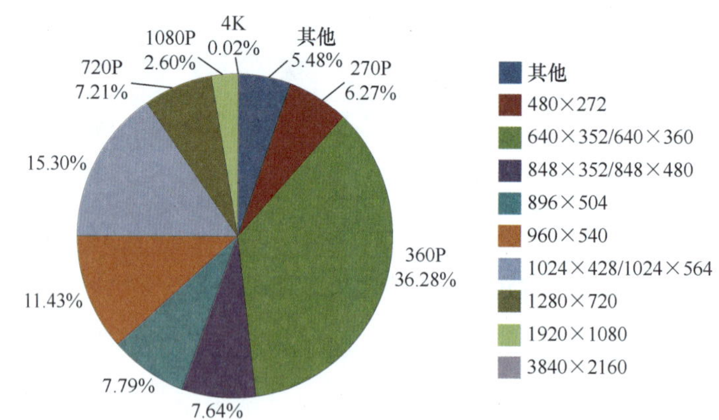

数据来源：视频服务用户体验标准工作组

图 36　互联网视频观看分辨率的分布

随着国内产业版权意识逐渐增强，互联网

视频网站开始走向收费模式，随着付费用户数量的不断增加，对于视频体验要求越来越高，观看高分辨率（720P、1080P、2K、4K）视频未来将会成为主流。

3. 互联网视频服务的交互体验评测情况

本次活动中对互联网视频服务交互体验评测的结果见表 4。

（1）互联网视频服务的交互体验整体表现良好

表 4　互联网视频服务的交互体验评测结果

	加载时长（ms）	交互体验得分
最大值	20310	1
平均值	1660	3.32
最小值	300	4.68

互联网视频服务交互体验平均得分为 3.32，最大得分为 4.68，最小得分为 1 分。在几个主要影响因素中，初始视频平均加载时长为 1660ms，最大加载时长为 20310ms；从加载时间的分布来看，35% 用户的加载时间在 1s 以内（优），而 39% 用户的加载时间为 1000 ~ 2000ms（良），加载时间超过 5s 的占比只有 6%，整体上互联网视频的交互体验在用户可接受范围内，如图 37 所示。

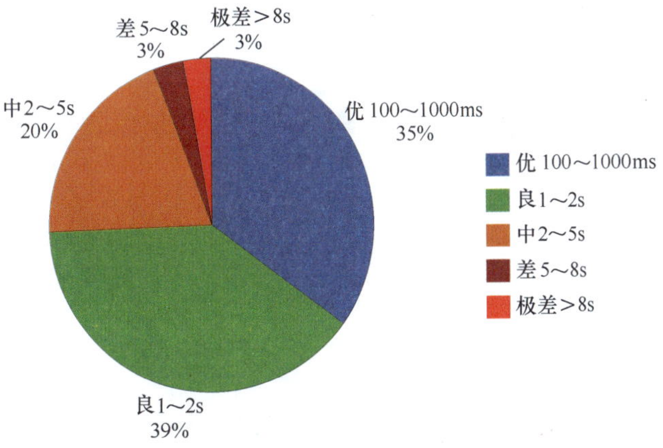

数据来源：视频服务用户体验标准工作组

图 37　互联网视频服务初始视频加载时长分布

（2）不同互联网视频服务商交互体验得分差异较大

在参与评测的优酷土豆、爱奇艺、腾讯视频、乐视、芒果 TV、风行等几家视频服务商中，表现较好的视频服务商 E、G、D、B，其交互体验得分高于整个互联网视频服务的平均得分。其中交互体验表现最突出的视频服务商 B 初始视频加载时间为 1076ms，表现较差的视频服务商 F、C、A，交互体验得分低于平均得分，最低的初始视频加载时间为 3041ms，如图 38 所示。

4. 互联网视频服务的观看体验评测情况

（1）互联网视频服务的观看过程中存在一定的卡顿概率

样本用户中有 12% 的用户在观看视频过程中出现不同程度的卡顿现象。在这些用户中一旦出现卡顿，恢复播放的时间比较长，平均长达 6s，最大的卡顿时长为 20s，如图 39 所示。

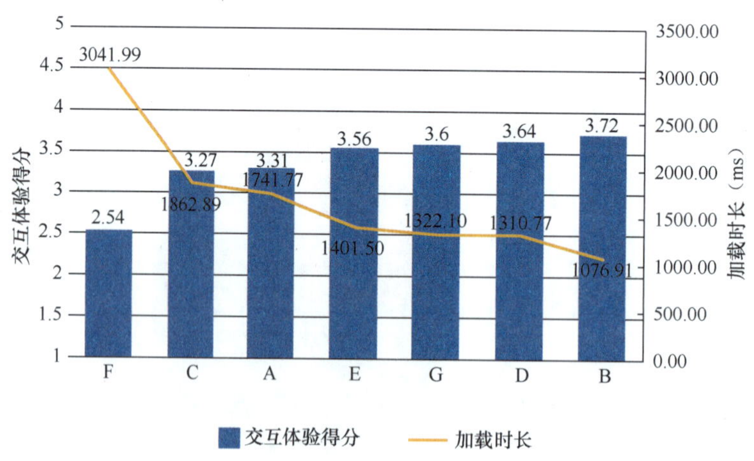

数据来源：视频服务用户体验标准工作组

图 38　不同互联网视频服务商的交互体验评估结果对比

（2）互联网视频服务闲时观看体验评分优于忙时

通过对本次采集的用户样本数据分析，凌晨 4:00 左右的互联网视频服务的观看体验最好，平均得分为 4.47；从凌晨 5:00 开始，观看体验的平均得分开始下降；在 8:00—15:00，观看体验下降比较明显，平均卡顿时间由 5700ms 上升到 6000ms；15:00—18:00 维持在一个比较稳定的区间；到 20:00 平均卡顿时长达到 6400ms，观看体验全天最差；23:00 过后，观看体验的评分逐渐开始上升，最终在凌晨 3:00—4:00 达到最优，如图 40 所示。

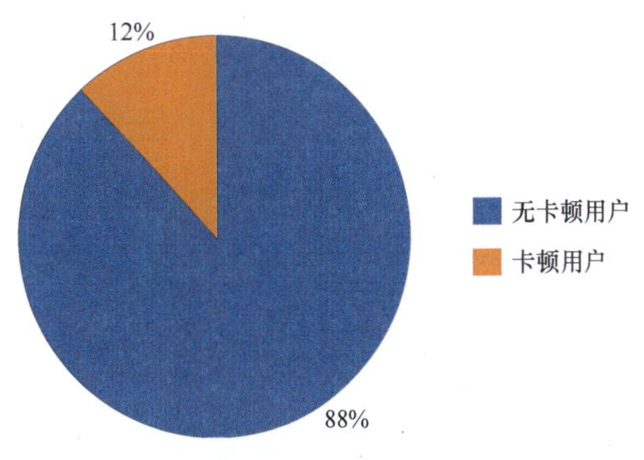

数据来源：视频服务用户体验标准工作组

图 39　互联网视频服务出现卡顿现象的概率

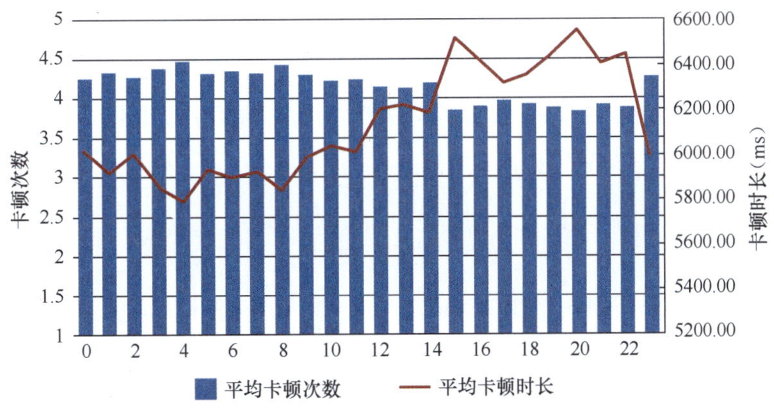

数据来源：视频服务用户体验标准工作组

图 40　互联网视频服务观看体验的分时统计

对用户的分时平均视频下载速率数据进行分析，忙时与闲时相比，由于上网人数增多，同时访问视频网站的用户数量明显增加，网络和视频服务平台会出现流量拥塞，每个用户所获得的视频服务有效体验带宽会减少，观看视频出现卡顿的概率就会变高，观看体验的评分随之降低，如图 41 所示。

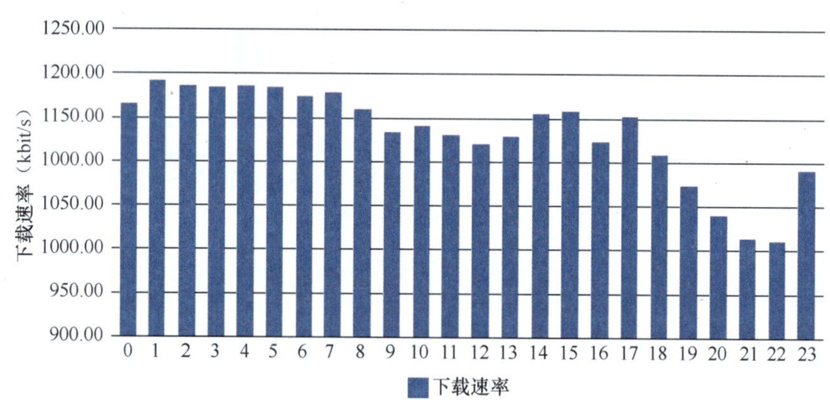

数据来源：视频服务用户体验标准工作组

图 41　互联网视频服务下载速率的分时统计

通过评测数据可以发现，互联网视频服务出现卡顿主要受视频服务有效体验带宽的影响，当用户多、总带宽无法保障时用户体验评分会下降。视频服务商可以通过延长缓冲时间来减少卡顿次数，如初始视频加载时、卡顿发生后通过缓存足够的数据量来保证用户可以持续观看一段时间，但这会同时带来其他指标的劣化。

五、问题和展望

本次活动是国内第一次由产业共同推动，针对多种视频播放业务第一次大规模进行实时用户体验的评测，对今后建立全国性的大视频业务体系的实时用户体验评价体系，以及对填补国际和国内相关标准空白具有重要的价值。通过本次评测发现以下两个方面的现象。

- 通过专网传输的 IPTV 业务由于网络环境能够得到有效保障，用户体验总体表现良好，在几个主要影响因素中观看体验表现尤为优异，但目前的网络能力在承载高清，尤其是视频内容时还存在一定不足，在今后一段时期高清和 4K 内容占比不断增加的情况下，需要开展网络端到端的优化，以提升交互体验和观看体验。
- 互联网视频服务的用户体验目前发展水平不均衡，受到带宽成本支出不断上升的压力，视频服务商积极采取各种策略来平衡更好的视频质量和更大的带宽投入之间的矛盾。视频服务商还要不断提供多种视频显示质量的片源，满足不同用户群的需要。受网络影响，用户实际观看的互联网视频显示质量普遍较低，用户观看过程中卡顿率较高，需要采取各种措施让网络提供给用户连续稳定观看视频的体验，并获得较好的用户体验所带来的影响。交互体验是视频服务商做的最好的方面，大部分互联网视频提供商能保证交互在 2s 之内，部分视频服务商已经可以将这一指标压缩在 1s 之内。

在视频服务用户体验标准工作组后续安排中，计划从如下几个方面开展工作。

- 后续将总结经验，扩大评测规模，将视频体验评测扩展到所有的基础电信运营商和其他网络运营商、广电有线运营商、互联网视频服务商、测试方案开发商、芯片厂商。
- 将评测工作覆盖不同的网络，包括：Wi-Fi/ 光宽带网 / 有线电视网 /3G/4G 等；涵盖不同的视频播放业务，包括 IPTV/ 互联网电视 / 有线电视 / 手机视频等；最终将视频服务评测的工作扩大到视频监控、视频通信和视频会议等更广泛的领域。
- 扩展评测覆盖的地域，将评测工作延伸三四线城市、农村和偏远地区，更加全面地反映国内不同区域视频服务用户体验水平的差距。
- 持续扩展视频体验评价的维度和体系，包括：增加人机交互体验、服务易用性等的评测，如：遥控器的交互体验、界面易用性体验、语音识别体验等。
- 着手实施网络转型和融合，使将来的网络不仅更适用于视频传输，而且更适用于各种丰富的业务情景。

随着技术能力的提升，用户今后对视频服务用户体验期望值也将逐步提升，工作组将持续开展用户调研，修正用户体验评价标准，反映真实的视频体验满足情况。为产业发展提供重要的选择，将成为运营商和互联网服务商进入家庭服务、社会公共服务和先进制造业等市场的重要手段，确保客户黏性和低流失率的砝码。在此基础上和产业广泛合作，通过向用户捆绑或交叉销售服务来帮助第三方建立受众群体。

产业界应着手实施网络转型，使将来的网络不仅更适用于视频传输，而且更适用于各种业务情景，还要增加业务和网络联动实时服务能力，最终为视频产业的发展做出贡献。